Unterrichtsentwurf Liebeslyrik verstehen und deuten. "Dreistufige Drohung" von Sarah Kirsch (Deutsch Gymnasium 10. Klasse)

GRIN ☺

Bibliografische Information der Deutschen Nationalbibliothek:

Die Deutsche Nationalbibliothek verzeichnet diese Publikation in der Deutschen Nationalbibliografie; detaillierte bibliografische Daten sind im Internet über http://dnb.d-nb.de abrufbar.

ISBN: 9783346576859
Dieses Buch ist auch als E-Book erhältlich.

© GRIN Publishing GmbH
Trappentreustraße 1
80339 München

Druck und Bindung: Books on Demand GmbH, Norderstedt Germany
Gedruckt auf säurefreiem Papier aus verantwortungsvollen Quellen

Das vorliegende Werk wurde sorgfältig erarbeitet. Dennoch übernehmen Autoren und Verlag für die Richtigkeit von Angaben, Hinweisen, Links und Ratschlägen sowie eventuelle Druckfehler keine Haftung.

Das Buch bei GRIN: https://www.grin.com/document/1165849

Liebe lieber lyrisch – Dreistufige Drohung von Sarah Kirsch

Verständnis des Gedichts und seiner Stilmittel mit Hilfe szenischer Deutung

1. Analyse des Gegenstands

In dem Gedicht „Dreistufige Drohung" von Sarah Kirsch[1] geht es um die enttäuschte, wütende bis resignierte Reaktion eines verlassenen lyrischen Ichs gegenüber einer ehemals geliebten Person, welche im Gedicht mit „Du" angesprochen wird. Bereits der Titel deutet an, dass eine „dreistufige", eine sich steigernde Drohung ausgesprochen wird, was im Verlauf des Gedichts, ebenso wie durch seine äußere Form, der Einteilung in drei Strophen, bestätigt wird. Zu Beginn jeder dieser Strophen wird die ungläubig, enttäuschte, wütende Frage, jeweils in abgeänderter Form gestellt, ob die geliebte Person gehen wolle. Dabei handelt es sich um rhetorische Fragen, denn das „Du" scheint sich offensichtlich nicht durch die Drohungen, die unmittelbar auf die Fragen folgen, umstimmen zu lassen. Aufgrund der Tatsache, dass die Drohungen offenbar keine Wirkung zeigen, werden die Drohungen in der jeweiligen Strophe gesteigert.

In der ersten Strophe wird, anknüpfend an die bereits erwähnte rhetorische Frage, „Du willst jetzt gehen?" (V. 1), der Mond als personifizierte Autoritätsfigur dargestellt. Der Ausruf des lyrischen Ichs „Das sag ich dem Mond" (V. 2) erinnert an das trotzige Verhalten eines Kindes, das sich hilflos an einen Elternteil oder ein anderes Familienmitglied wendet, das auf den „Übeltäter" angsteinflößend oder autoritär wirken soll. Eine ähnliche Wirkung scheint sich das lyrische Ich vom Mond zu erhoffen, der im Folgenden mit dem Neologismus „weißzahnig" (V. 5) beschrieben wird. Dieses scheinbar sehr auffällige Merkmal des Mondes untermalt die Personifikation desselben als furchteinflößende, bedrohliche Autoritätsinstanz. Es klingt fast so, als fletsche der Mond seine Zähne während er das „Du", wie in den Versen 3-6 beschrieben, verfolgen soll. Es ist nicht eindeutig, ob sich das lyrische Ich von der Verfolgung durch den Mond erhofft, dass seine geliebte Person zu ihm zurückgebracht wird oder ob es sich an ihm rächen möchte. Da diese Strophe jedoch die schwächste Form der Drohung darstellt und es fast so wirkt, als verdränge das lyrische Ich

---

[1] Aus: Sarah Kirsch: Erklärung einiger Dinge. Dokumente und Bilder. Elternhausen b. München: Langewiesche-Brandt, 1978.

unerwiderte Gefühle und wolle das „Du", auch gegen seinen Willen an sich binden - erscheint die erste Variante plausibler.

Mit dem Übergang in die zweite Strophe wird deutlich, dass die erste Drohung des lyrischen Ichs offensichtlich keine Wirkung zeigt und am „Du" regelrecht abprallt. Aus diesem Grund folgt auf die rhetorische Frage „Die Klinke drückst du?" (V. 7), die erneut sinngemäß die Enttäuschung und Ungläubigkeit der rhetorischen Frage aus der ersten Strophe wiedergibt, eine gesteigerte Drohung. An der Stelle erfolgt die Personifikation des Windes, der ebenfalls für eine Autoritätsperson stehen soll, dessen Handlungsspielraum sich im Gegensatz zum Mond jedoch nicht nur auf Verfolgung und Bedrohung beschränkt, sondern bestrafend, verletzend wirken soll. Die Aufgabe des Windes, den ehemals Geliebten mit „Ruß und Regen" zu „[schminken]" ist sinnbildlich zu verstehen. Während die Verfolgung der ersten Strophe durch den Mond im großen Wagen im Zeichen der Gestirne stand, wird die Aufgabe der Bestrafung in der zweiten Strophe Naturgewalten wie Gewittern zuteil. Ruß entsteht durch Feuer, beispielsweise auf Grund eines eingeschlagenen Blitzes, was eine gefährliche Atmosphäre vermittelt, Regen durchnässt die „verlassende" Person zusätzlich. In der gleichen Strophe erfahren diese Bestrafungen, ausgelöst durch den Wind, jedoch noch eine Steigerung. Das lyrische Ich droht mit einer Bestrafung durch den Wind mit Hilfe von Hagelkörnern, die das „Du" „[auspeitschen]" (Str. 2, V. 6) sollen. Das krampfhafte Festhalten an der geliebten Person weicht einer ausgeprägten Wut, die sich im Wunsch nach körperlicher Gewalt äußert. An dieser Stelle scheint die Hoffnung des lyrischen Ichs auf eine Rückkehr und Umstimmung des Geliebten durch Drohungen bereits geringer zu sein. Dass sich das lyrische Ich für das „Du" einen vielleicht ebenso großen Schmerz wünscht, wie es selbst empfindet, wird durch den Neologismus „glasmurmelgroß", betont, welcher gleichzeitig eine Anastrophe darstellt und durch seine Einzelstellung in diesem Vers besonders ins Auge fällt . So wird der zweiten Drohung ein besonderer Nachdruck verliehen.

Nach Betrachtung der ersten beiden Strophen und der rhetorischen Frage, die sinngemäß wieder den rhetorischen Fragen aus den ersten beiden Strophen entspricht, erwartet der Leser nun die dritte und somit höchste Form der Drohung. Was nun folgt, kann als schlimmste Drohung verstanden werden. Allerdings beruft sich das lyrische Ich hier auf keine vergleichbare Instanz aus dem Bereich der Gestirne oder Naturgewalten, wie in den beiden Strophen zuvor. Nach den ersten beiden Strophen die vor Bildlichkeit und Symbolismus regelrecht sprühen, erscheint die dritte Strophe nüchtern und schlicht. Dies spiegelt sich auch auf inhaltlicher Ebene wieder. Das lyrische Ich gibt in dieser Strophe den (ehemals) Geliebten frei, indem es ihm bezeugt, dass ihn niemand hindere, zu gehen. Es wird betont, dass das lyrische Ich es niemandem sagen werde und seine Abwesenheit keine Träume oder Tränen zur Folge haben würden. Diese Form der Drohung scheint auf den ersten Blick zwar die stillste und gewaltfreiste, jedoch die höchste Form der Drohung zu sein. Eine stille Gleichgültigkeit und Gefühlslosigkeit stellen in „Dreistufige Drohung" den Klimax der Drohungen dar.

Gleichzeitig kann die letzte Strophe als eine Umkehrung des Titels, als Abfindung mit den unerwiderten Gefühlen, ohne drohenden, verletzten Unterton verstanden werden. In der letztgenannten Interpretation liegt die Betonung, nach Phasen des Nicht-Wahrhaben-Wollens, der Wut und Wunsch nach Bestrafung, schließlich auf der Akzeptanz der Situation. In dieser Phase nimmt sich das lyrische Ich wieder als Individuum, das auch ohne den ehemaligen Partner existieren kann, wahr und versteht, dass es keinen Wert hat, sich krampfhaft an jemandem festzuhalten, der die eigenen Gefühle nicht im selben Maße erwidert.

2. Didaktische Analyse nach Klafki[2]

Für viele Jugendliche im Alter von 15-16 Jahren spielt das Thema Liebe bzw. Liebesbeziehungen bereits eine zentrale Rolle. Während manche sich zum ersten Mal verlieben oder die erste Liebesbeziehung erleben, haben andere auch Erfahrungen mit enttäuschter Liebe, dem Ende einer Liebesbeziehung oder unerwiderter Liebe gesammelt. Diese Erfahrungen mit Liebe werden junge Menschen im weiteren Verlauf ihres Lebens prägen. Es bietet sich daher an, dieses Thema, das kaum näher an der Lebenswelt der Schüler sein könnte, zum Gegenstand des Deutschunterrichts zu machen.

Obwohl viele Schülerinnen und Schüler der Lyrik gegenüber voreingenommen sind, begegnet ihnen vor allem moderne Liebeslyrik in Form von Liedtexten täglich. Aktuell sind deutschsprachige Künstler wie Cro oder Namika besonders beliebt, was es erleichtert, die Brücke zu modernen Liebesgedichten zu schlagen. Im Sinne der Zugänglichkeit sowie der Exemplarität, widme ich mich in dieser Einheit ausschließlich

---

[2] Vgl. Klafki nach Meyer (1991), S. 131-179.

moderner Liebeslyrik und ausgesuchten Aspekten von Liebe, im Falle der vorliegenden Stunde dem Thema „Verlassen werden" und dem Umgang mit dieser Thematik. Außerdem beschränke ich mich in der vorliegenden Stunde bei der Analyse zentraler Stilmittel auf Bildfiguren und deren „Unterstützer" (in diesem Fall Neologismen), da diese für das Gedicht von besonderer Wichtigkeit sind.

Die Schüler der Klasse 10 beschäftigten sich zuletzt in der 8. Klasse mit Großstadtlyrik, wofür sie, laut der damals unterrichtenden Kollegin, nur wenig Begeisterung entwickeln konnten. Moderne Gedichte sind sprachlich häufig nicht nur für die Schüler einfacher zu erfassen, sondern auch näher an ihrer Lebenswelt und somit zugänglicher.

Einbettung in den Gesamtzusammenhang

Die vorliegende Stunde stellt die sechste Doppelstunde der Einheit „Liebe lieber lyrisch – ausgesuchte Aspekte der Liebe in Liebesgedichten der Moderne verstehen und deuten" dar. In der Doppelstunde vor der vorliegenden Stunde ging es in der ersten Hälfte vor allem darum das Gedicht, das zuvor behandelt wurde noch ausreichend zu vertiefen und abzuschließen, da dies mehr Zeit erforderte als angenommen. Die zweite Stundenhälfte stellte die Einführung des dieser Stunde zugrunde liegenden Gedichts „Dreistufige Drohung" von Sarah Kirsch sowie dessen inhaltliche Besprechung dar. Im Zuge der inhaltlichen Sicherung wurde außerdem auch schon die parallele Struktur der ersten beiden Strophen angesprochen und mit dem Titel in Bezug gesetzt. Aufgrund der Tatsache, dass ich zwischen der Herausarbeitung möglicher Deutungshypothesen und der anschließenden szenischen Darstellung sowie Analyse keinen Bruch entstehen lassen wollte und den Spannungsbogen der aktuellen Stunde erhalten wollte, entschied ich mich dazu, den Schülern die dritte Strophe noch „vorzuenthalten" um sie in der vorliegenden Stunde dann mit der Hausaufgabe, dem Verfassen einer dritten Strophe, abgleichen zu können. Diese Methode schafft die Voraussetzungen dafür, möglichst fruchtbar zu Deutungshypothesen des Gedichtes zu gelangen und zusätzlich das Verständnis der ersten beiden Strophen zu vertiefen.

In den Stunden, die an die vorliegende Stunde anschließen, steht im Zentrum, bisher Erarbeitetes zu verschriftlichen, Gedichtinterpretationen zu verfassen und in Schreibkonferenzen zu verbessern um adäquat auf die Klassenarbeit vorzubereiten.

3. Methodische Analyse

Den **Einstieg** in die Stunde stellt der Vortrag der ersten beiden Strophen des Gedichtes dar. Er soll dazu dienen, an bisher Bekanntes anzuknüpfen und durch den betonten Vortrag[3], die Spannung in Hinblick auf die dritte Strophe aufzubauen. An dieser Stelle äußert der Rest der Klasse Beobachtungen, die den bisher besprochenen Inhalt mit der Interpretation des Vortragenden verbinden sollen.

Als **erweiterter Einstieg** und die Anknüpfung an die letzte Stunde vor der vorliegenden Stunde dient die Präsentation und Auswertung der Hausaufgabe – eine selbstständig verfasste dritte Strophe der Schüler, in der die dritte und höchste Stufe der Drohung antizipiert wird. Zum einen wird so das Textverständnis der ersten beiden Strophen nachbereitet und gefestigt, zum anderen stellt dies einen optimalen Übergang zu den verschiedenen Deutungshypothesen dar, die im weiteren Verlauf der Stunde überprüft werden sollen, da bereits das Verfassen der dritten Stufe eine Interpretation darstellt. Die Auswertung dieser Strophe soll zunächst in Partnerarbeit erfolgen, indem die Schüler ihre Hefte mit ihrem Sitznachbarn tauschen. So werden alle Schülerprodukte zumindest im kleinen Rahmen gewürdigt. Dabei machen sie sich zu Gemeinsamkeiten, Unterschieden und gelungenen Aspekten Notizen. Anschließend sollen zwei Produkte im Schülervortrag, die nach Ansicht der jeweiligen Partner besonders gelungen sind, präsentiert und verglichen werden. Dabei werden auch die Notizen der Schüler miteinbezogen. Nach der mündlichen Vorstellung der beiden Schülerversionen wird das Original ausgehändigt, um dieses nun am Visualizer mit den Schülervarianten zu vergleichen. Auf den Vergleich und die inhaltliche Besprechung des Originals folgt die Ergänzung des in der letzten Stunde angefangenen Aufschriebs auf dem Visualizer. Auf diesem Wege sollen eine oder mehrere Deutungshypothesen im Lehrer-Schülergespräch herausgearbeitet und schließlich festgehalten werden. Diese Phase stellt die **Hinführung** zum zentralen Thema der Stunde dar.

In der nun folgenden **ersten Erarbeitungsphase** erhalten die Schüler anhand eines Arbeitsblates den Arbeitsauftrag, zunächst in Einzelarbeit Bildfiguren und deren mögliche Bedeutung herauszuarbeiten und sich über die Wirkung ebendieser Gedanken zu machen. Ich habe mich an dieser Stelle für Einzelarbeit entschieden, da ich in dieser Klasse die Erfahrung gemacht habe, dass ruhige Einzelarbeitsphasen im

---

[3] vgl. Lösener, Siebauer: hochform @ lyrik – Konzepte und Ideen für einen erfahrungsorientierten Lyrikunterricht. 2014, Friedrich Pustet, Regensburg, S. 58.

Hinblick auf eine konzentrierte Arbeitsatmosphäre Sinn machen. Außerdem bringt so jeder Schüler zumindest zu einem gewissen Grad die Grundlagen für die Gruppenarbeit mit, welche die **zweite Erarbeitungsphase** darstellt. Hier werden die in Einzelarbeit festgestellten Auffälligkeiten zunächst verglichen, ergänzt und schließlich, nach Planung und Übung, in Form einer szenischen Interpretation dargestellt. Diese Phase soll zum einen dazu dienen, die Schüler zu aktivieren und motivieren, zum anderen soll die Bildlichkeit der ersten beiden Strophen, die im Gegensatz zur letzten Strophe steht, für die Schüler erfahrbar werden und zur Reflexion über die Bedeutung der Bildlichkeit anregen.[4]

In der anschließenden **Auswertungsphase** stellen eine, maximal zwei Gruppen ihr Ergebnis vor. Der Rest der Klasse erhält einen Beobachtungsauftrag auf einem Sicherungsblatt, mit dessen Hilfe im Anschluss die Ergebnisse ausgewertet und mit dem nun die in Szene gesetzten Verbildlichungen in Verbindung gebracht werden sollen. Aufgrund der Komplexität, die Beobachtungen der szenischen Darstellung mit der Auswertung und Sicherung der Stilmittel zu verknüpfen, habe ich mich hier für ein für die Schüler vorbereitetes Sicherungsblatt entschieden. Die **Sicherung** findet nun im Lehrer-Schüler-Gespräch am Visualizer statt. Das Ende dieser Sicherungsphase stellt den **Abschluss** der Stunde dar. Falls es zeitlich möglich ist, wird noch ein Rückbezug zum Beginn der Stunde, der Frage, ob die Deutungshypothese zu bestätigen oder zu widerlegen ist, hergestellt. In der Hausaufgabe sollen die erarbeiteten Aspekte sprachlich verknüpft und somit gefestigt werden.

4. Angestrebte Kompetenzen/ Ziele der Stunde[5] (davon besonders wichtige:*)

AB 1, AB 3: Sprechen/ Umgang mit Texten Die Schülerinnen und Schüler können wesentliche Stilmittel bildlicher Art im Gedicht „Dreistufige Drohung" von Sarah Kirsch erkennen, diese mit Hilfe einer szenischen Darstellung umsetzen und so Deutungsversuche reflektieren.*

---

[4] vgl. ebd., S. 78.
[5] vgl. nummerierte Standards D10. Ministerium für Jugend, Kultus und Sport Baden Württemberg [Hrsg]: Bildungsplan 2004 für das allgemein bildende Gymnasium, 2004.

a) Fachliche Ziele: Die Schülerinnen und Schüler können...

- ... wesentliche sprachliche Darstellungsmittel bildlicher Art auf ihre Funktion hin untersuchen (3.9)*
- ... Inhalt und Aussage von „Dreistufige Drohung" erfassen (3.3)*

b) Methodische Ziele: Die Schülerinnen und Schüler können...

- ... analytische sowie handlungs- und produktionsorientierte Methoden zur Erschließung des Gedichtes anwenden (3.8)
- ... szenische Verfahren als Interpretationsmethode anwenden und reflektieren (1.7)*

c) Personale Ziele: Die Schülerinnen und Schüler können...

- ... über das Thema „Verlassen werden" reflektieren und somit ihre Empathiefähigkeit erweitern.

d) Soziale Ziele: Die Schülerinnen und Schüler können...

- ... effizient in einer Gruppe eine szenische Darstellung erarbeiten.

5. **Geplanter Stundenverlauf**

Zeit	Phase	Inhalt	Sozialform	Medien
7.45	Begrüßung und Einstieg	Bezug zur letzten Stunde: S trägt die ersten beiden (bekannten) Strophen des Gedichtes betont vor → kurze Rückmeldung durch SuS und Verknüpfung des Vortrags mit der letzten Stunde	SV	
7.51	Erweiterter Einstieg	L erklärt AA (auf Visualizer) SuS tauschen Hefte mit dem Sitznachbarn → machen sich kurz Notizen warum besonders gelungen; Gemeinsamkeiten/ Unterschiede im Vergleich mit eigenem Exemplar	LV PA	Visualizer, M 1, M2

08:00	Auswertung der Hausaufgabe	Max. 2 SuS stellen ihr Exemplar zunächst mündlich vor (auf Empfehlung des Nachbarn) → dann mit visueller Unterstützung; Gemeinsamkeiten, Unterschiede?	SV LSG	Visualizer, M 2
08:10	Hinführung	L lässt Original austeilen Vergleich dieser Schülerexemplare mit dem Original (Visualizer) → Ergänzung TA – letzte Stunde; Festhalten der Deutungshypothesen	LSG	Original Strophe (M 3) TA (M 4)
08.20	Überleitung	L leitet zur Erarbeitungsphase 1 über → Arbeitsblätter werden verteilt → Aufgabe 1 wird leise gelesen → Fragen?	LV	AB (M 5)
	Erarbeitung I	SuS bearbeiten Aufgabe 1 auf AB (10 min Zeit)	EA	M5, Aufg. 1 (M 5)
08:30		Umstellung der Bänke in Gruppentische		
08:32	Erarbeitung II	SuS bearbeiten gruppenweise Aufgabe 2 auf AB (Bänke wieder umstellen lassen)	GA	M 5, Aufg. 2, M 2, M 3
08.55	Präsentation der Ergebnisse	L lässt Sicherungsblatt mit Beobachtungsauftrag austeilen Vorstellen von ein, max. 2 Inszenierungen → SuS machen sich Notizen im vorgesehenen Feld	SV	Sicherungsblatt mit Beobachtungs-auftrag (M 6)
09:05	Auswertung/ Sicherung	Sicherung der Ergebnisse mit Hilfe des Sicherungsblattes	LSG	M 6
09:14	Abschluss der Stunde	HA: sprachliche Verknüpfung der Ergebnisse mit Fazit am Schluss (Deutungshypothese bestätigt?)		

6. Literatur

Kirsch, Sarah: Dreistufige Drohung aus: Erklärung einiger Dinge. Dokumente und Bilder. Elternhausen b. München: Langewiesche-Brandt, 1978.

Klafki nach Jank, Meyer, (1991): Didaktische Modelle. Frankfurt: Cornelsen, 1991.

Lösener, Siebauer: hochform @ lyrik – Konzepte und Ideen für einen erfahrungsorientierten Lyrikunterricht. 2014, Friedrich Pustet, Regensburg, S. 58.

Nummerierte Standards D10. Ministerium für Jugend, Kultus und Sport Baden Württemberg [Hrsg]: Bildungsplan 2004 für das allgemein bildende Gymnasium, 2004.

Verwendete Abkürzungen:

AB (Arbeitsblatt), EA (Einzelarbeit), PA (Partnerarbeit), GA (Gruppenarbeit),HA (Hausaufgabe), SV (Schülervotrag), L (Lehrerin), LSG (Lehrer-Schüler-Gespräch), SuS (Schülerinnern und Schüler), TA (Tafelanschrieb), M (Material)

7. Anhang:

<u>M1 – Arbeitsauftrag</u>

Lest die dritte Strophe eures Sitznachbarn leise durch .

Macht euch Notizen zu:

- **besonders gelungenen und passenden Aspekten**
- **Unterschieden/ Gemeinsamkeiten zu euren eigenen Strophen**

████████

Datum:

Dreistufige Drohung
Sarah Kirsch

Du willst jetzt gehen?
Das sag ich dem Mond!
Da hat sich der Mond
im Großen Wagen verladen,
der fühlt mit mir, weißzahnig
rollt er hinter dir her!

Die Klinke drückst du?
Ich sag es dem Wind!
Er schminkt dich
mit Ruß und Regen
peitscht dich mit Hagelkörnern,
glasmurmelgroß.

_____
_____
_____
_____
_____
_____

M 3 - Original 3. Strophe

Du musst jetzt fort?

Gut, ich sag es keinem.

Ich werde ohne Tränen

und Träume schlafen;

nichts hindert dich.

11

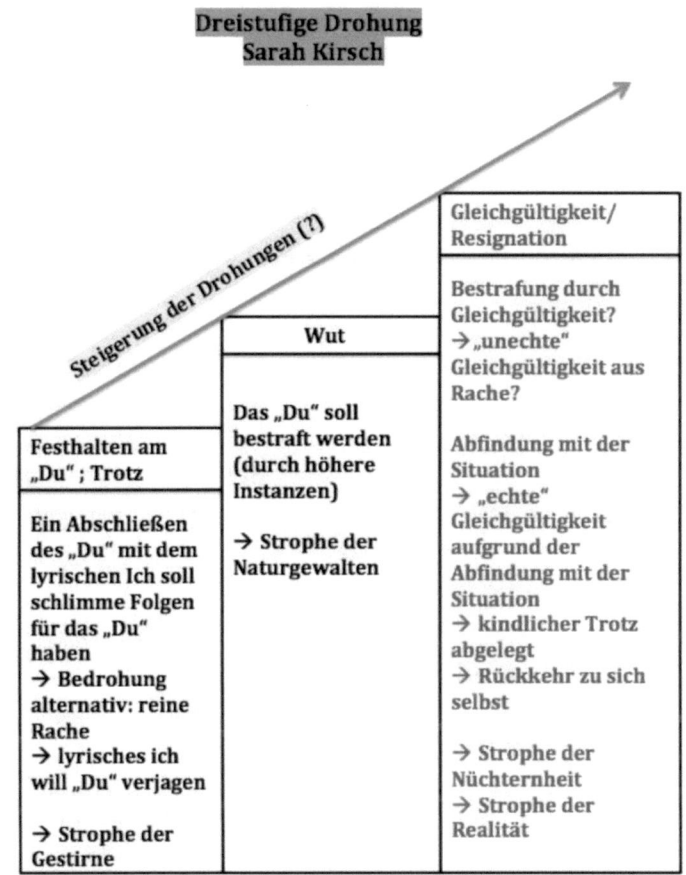

Dreistufige Drohung
Sarah Kirsch

Steigerung der Drohungen (?)

Festhalten am „Du"; Trotz	Wut	Gleichgültigkeit/ Resignation

Festhalten am „Du"; Trotz

Ein Abschließen des „Du" mit dem lyrischen Ich soll schlimme Folgen für das „Du" haben
→ Bedrohung
alternativ: reine Rache
→ lyrisches ich will „Du" verjagen

→ Strophe der Gestirne

Wut

Das „Du" soll bestraft werden (durch höhere Instanzen)

→ Strophe der Naturgewalten

Gleichgültigkeit/ Resignation

Bestrafung durch Gleichgültigkeit?
→ „unechte" Gleichgültigkeit aus Rache?

Abfindung mit der Situation
→ „echte" Gleichgültigkeit aufgrund der Abfindung mit der Situation
→ kindlicher Trotz abgelegt
→ Rückkehr zu sich selbst

→ Strophe der Nüchternheit
→ Strophe der Realität

Die höchste Form der Drohung, die 3. Stufe, stellt Gleichgültigkeit dar
→ viel wirksamer als Androhung von Verfolgung und körperlicher Gewalt

Die 3. Stufe ist keine Drohung im eigentlichen Sinne, sondern eine Abfindung des lyrischen Ichs mit der Situation
→ Freigeben des „Du", unabhängige Existenz

Dreistufige Drohung – Sarah Kirsch

Stilmittel und ihre Wirkung

1. **Bildlichkeit in „Dreistufige Drohung" (Zeit: 10 Minuten)**

   a) **Jeder für sich:** Markiere und benenne im Gedicht Stilmittel, welche die
   vorherrschende Atmosphäre/ Stimmung besonders veranschaulichen, d.h.
   Bildfiguren oder Stilmittel, welche die Bildlichkeit unterstützen.

   b) Notiere im Heft stichpunktartig Überlegungen zu deren Bedeutung und Wirkung

2. **Szenische Umsetzung der Bildlichkeit (Gesamtzeit: 20 Minuten)**

   a) Besprecht gruppenintern die Bezeichnung und Bedeutung der gefundenen
   Stilmittel. Ergänzt eure Ergebnisse. (3 Minuten)

   b) Überlegt, wie die Bildlichkeit szenisch dargestellt werden könnte und haltet eure
   Überlegungen stichpunktartig fest (5 Minuten)

   Aufteilung der Rollen:
   - mind. 1 Sprecher (gleichzeitig Regisseur)
   - mind. 2 Darsteller
   - ggf. „Atmosphäriker" zur akustischen Unterstützung des Sprechers

   c) Probt nun eine szenische Umsetzung des Gedichtes, inklusive Vortrag, in der die
   Bildlichkeit und deren Bedeutung besonders zum Ausdruck gebracht werden. (12
   Minuten)

13

M 6 – Sicherungsblatt mit Beobachtungsauftrag

Dreistufige Drohung - Sarah Kirsch
Stilmittel und ihre Wirkung

Beobachtungsauftrag: Was wurde wie umgesetzt?
Notizen:

Strophe	Stilmittel (Bild-figuren etc. – was?	Umsetzung – wie?		Bedeutung – wieso?
		szenisch	akustisch	

Dreistufige Drohung - Sarah Kirsch

Stilmittel und ihre Wirkung

Strophe	Stilmittel (Bild- Figuren etc.) – was	Bedeutung – wieso?
1 Strophe der Gestirne	Personifikation	„Das sag ich dem Mond" (V. 2) „Der fühlt mir mir"→ sie will höhere Mächte / zur Solidarisierung aufrufen „rollt er hinter dir her" (V. 6) → Mond soll das „Du" verfolgen und bedrohen (s. Neologismus) → zeigt, dass sie sich an ihm festklammert und, notfalls gegen seinen Willen, bei sich behalten will (durch Bedrohung und Einschüchterung) → wirkt kindlich, trotzig, hilflos → ist sich Hilflosigkeit bewusst, weswegen sie Hilfe bei höheren Mächten sucht
	Neologismus	„weißzahnig" (V. 5) → zähnefletschend? → unterstützt Personifikation (menschliches Attribut) → unterstützt Bedrohlichkeit des Mondes
	Metapher	„der Große Wagen" → hier wörtlich genommen (eigentlich Sternenbild) → illustriert ebenfalls Kindlichkeit

15

2 **Strophe der Naturgewalten**	**Personifikation**	„Ich sag es dem Wind" (V. 2) → peinigt mit Regen und Ruß, peitscht mit Hagelkörnern aus (vgl. V. 9-12) → „Du" soll verletzt und gepeinigt werden → sie zieht eine weitere Autoritätsinstanz zur Unterstützung hinzu → weiterhin Hilflosigkeit, Kindlichkeit →illustriert Wut
	Neologismus	„glasmurmelgroß" (V. 12) → unterstützt Personifikation; soll zeigen wie sehr sie das „Du" leiden sehen will → Verbildlichung des zuzufügenden Schmerzes durch „Auspeitschen"
3 **Strophe der Nüchternheit** **Gleichgültig-keit**		schlicht gehalten, keine Bildlichkeit Es werden keine höheren Instanzen mehr angerufen → Abflauen der Wut? → wirkt erwachsener, nüchterner → zu sich selbst gefunden?